Elizabeth C. Prophet

Vergebung

Gärten des Herzens

VERGEBUNG

ELIZABETH CLARE PROPHET

Aus dem Amerikanischen von Manfred Miethe

SILBERSCHNUR VERLAG

MIX
Papier aus verantwortungsvollen Quellen
FSC
www.fsc.org
FSC® C014138

Originaltitel: "Forgiveness. Gardens of the Heart" by Elizabeth Clare Prophet

Summit University Press, 63 Summit Way, Gardiner, Montana 59030 U.S.A.
Tel: +1-406-848-9500 · Fax: +1-406-848-9555
www.SummitUniversityPress.com · E-Mail: Info@SummitUniversityPress.com

ISBN: 978-3-89845-384-4

1. Auflage 2013

Übersetzung: Manfred Miethe
Gestaltung: XPresentation, Güllesheim; unter Verwendung des Motivs #148659020, www.photos.com
Druck: Finidr, s.r.o. Cesky Tesin

Verlag »Die Silberschnur« GmbH · Steinstraße 1 · 56593 Güllesheim
www.silberschnur.de · E-Mail: info@silberschnur.de

INHALT

Auf dem Weg zum Garten

Die Vergebung besitzt die Macht, unser Leben zu verwandeln und die Verletzungen des Herzens und des Geistes zu heilen. Möge Vergebung ein fester Bestandteil unseres Alltags werden, damit wir von Stress, Angst und schmerzhaften Erinnerungen frei werden.

Indem wir uns selbst vergeben, werden wir in die Lage versetzt, auch anderen zu vergeben. Und indem wir anderen vergeben, wird auch uns vergeben werden. Vergeben heißt zu vergessen, was man uns angetan hat, weil wir es für unwichtig erklärt haben und es keine Macht mehr über uns besitzt.

Wir können nicht wissen, welche Sorgen einen anderen plagen oder welches Leid ihn niederdrückt.

Wenn wir ihm vergeben, geben wir jegliches Urteilen auf und befreien ihn so von der Bürde der Verachtung. Schon dieser eine Akt der Vergebung kann ihm die Gnade gewähren, sein Leben zu ändern und es zu verwandeln.
Wenn wir nicht vergeben, erschaffen wir ein Bild des Menschen, der uns wehgetan hat, und geben diesem Bild die Macht, uns zu schaden, zu zerstören und zu verletzen. Wenn wir aber vergeben, sind wir vollkommen frei von der Vergangenheit.

Ein Ritual der Vergebung, das Sie anwenden oder gemäß Ihren Bedürfnissen abändern können, befindet sich am Ende des Buches.

Wir ermutigen Sie, täglich im Garten Ihres eigenen Herzens zu wandeln.

IN DER GARTENLAUBE

Vergebung
nützt als Eigenschaft des Herzens
mehr dem, der vergibt,
als dem, dem vergeben wird.

Vergebt aus vollem Herzen.
Ihr könnt nicht wissen,
welche Bürde ein anderer trägt.
Also vergebt und vergebt.

Beginnt jede neue
Jahreszeit damit,
euch selbst für alle Verfehlungen
und alles, was ihr
falsch gemacht habt,
zu vergeben.

Aktiviert den ganzen
Einfallsreichtum eures Herzens,
um echte Vergebung zu gewähren
und eine gute Lösung
für alle zu finden.

Nicht viele nehmen es auf sich,
sich selbst und anderen zu vergeben.
Ihr aber sollt wieder und wieder
und immer wieder vergeben,
weil ihr nicht wissen könnt,
was einen anderen bedrückt –
selbst dann nicht, wenn er
neben euch oder im
nächsten Zimmer sitzt.

Ohne Liebe
kann es keine Vergebung geben.
Ohne Vergebung
kann es keine Entwicklung geben.

Sucht die Vergebung all jener,
denen ihr Unrecht getan habt.
Überschüttet all jene,
die euch Unrecht getan haben,
mit grenzenloser Vergebung.
Der Weg zur Lösung
eurer Probleme und
zum inneren Frieden
führt über die Vergebung.

Lasst Vergebung für alle Fehler
zu anderen, aber auch zu
euch selbst strömen.
Möge Vergebung euch
Erneuerung bringen, bis sie,
wie der Sonnenaufgang,
über dem Horizont
der Welt erglüht.

Wenn ihr für einen anderen
Liebe verspürt,
seid ihr eher bereit,
seine Vergebung zu erbitten.
Kultiviert diese Liebe,
die Lösung durch
Vergebung gewährt.

Warum brauchen
Menschen Vergebung?
Weil Menschen Fehler begehen.
Gibt es irgendjemanden
auf Erden, der noch
keinen Fehler begangen hat?
Bewahrt euch ein Herz
voller Liebe und Vergebung.

Vergebung ist
das Zeichen der Liebe,
der höchsten Liebe.
Und das Vergessen,
das mit dem Vergeben einhergeht,
ist das Zeichen der Vergebung.

Die Vergebung
trägt die Macht der
Veränderung und Heilung in sich.

Möget ihr allen
die Erkenntnis bringen,
dass Vergebung möglich ist.

Klammert euch niemals
an die vergangenen oder
gegenwärtigen Fehler
eines anderen und haltet sie
ihm nicht vor.
Bewahrt in euch keine
andere Vorstellung
eines anderen als die
der Vollkommenheit
seines wahren Selbst.

Legt ein Notizbuch
auf euren Nachttisch und
schreibt die Namen jener auf,
denen ihr noch nicht
vergeben habt.
Findet sie.
Bittet sie um Vergebung.

Beginnt jeden Tag neu.
Vergebt und seid bereit,
Vergebung zu empfangen.

Tragt den Balsam
der Vergebung bei euch
und gebt ihn all jenen, die leiden.

AM SEEROSENTEICH

Damit ihr anderen
vergeben könnt,
vergebt zuerst euch selbst.

Strebt danach,
durch den Akt der Vergebung
euer Herz zu vervollkommnen.

Besitzt die Demut
zu erkennen,
dass ihr der Vergebung bedürft.
Es ist nicht leicht zu sagen:
“Es tut mir leid.
Ich habe einen Fehler gemacht.”

Spürt Demut und Bedauern
angesichts eures Fehlverhaltens,
aber seid euch
voller Hoffnung gewiss,
dass aufrichtige Reue
zu Vergebung und
Verzeihung führen wird.

In das Gewand
der Vergebung gekleidet,
wird das Leben leichter.
Sinnt darüber nach, was es
für euer Leben bedeuten würde,
stets Erbarmen und Vergebung
als ein prachtvolles Gewand
dabeizuhaben.

Bittet um Vergebung,
leistet Wiedergutmachung
und nehmt euch fest vor,
denselben Fehler nicht noch
einmal zu begehen.
Um nicht wieder rückfällig
zu werden, ist es am besten,
seine Fehler von ganzem
Herzen zu bereuen
und aufrichtige Liebe für jeden
Teil des Lebens zu empfinden.

Oft ist es am schwersten,
sich selbst zu vergeben.
Wenn ihr euch Schuldgefühle
aufbürdet, könnt ihr
nicht vorangehen.
Öffnet euer Herz der Vergebung.

Ihr besitzt die Fähigkeit,
den Schmerz zu entfernen,
Vergebung zu gewähren
und Linderung zu verschaffen.

Geht auf den zu,
dem ihr Unrecht getan habt,
und sagt zu ihm:
“Vergib mir und
lass uns den Weg des Lebens
gemeinsam gehen.”

Heißt Vergebung
als reinigenden Strom,
als Strom der Zuneigung,
als Strom des Lebens willkommen.

Wir alle haben Dinge getan,
auf die wir nicht stolz sind.
Vergebt euch für euer Menschsein.
Der Weg zu innerer Harmonie
wird durch Erbarmen und
Vergebung erlangt,
indem ihr euch selbst und
anderen vergebt.

Ganz gleich, worin eure Fehler
auch bestanden haben mögen,
ihr habt das Beste getan,
zu dem ihr damals fähig wart.
Es ist an der Zeit,
euch selbst zu vergeben
und euer Augenmerk
auf das gewaltige Potenzial
zu richten, das in euch
verborgen liegt.

Mithilfe der Vergebung
könnt ihr jeden Tag als
einen Neubeginn sehen
und euch neue Richtlinien geben,
wie ihr werden könnt,
wer und was ihr sein wollt.

Ist nicht die Vergebung
eines Freundes
eines der größten Geschenke,
das ihr erhalten könnt –
dass jemand euch genug liebt,
um euch zu vergeben?

Einige der kostbarsten
Momente des Lebens
mögen jene sein,
in denen euch jemand,
den ihr respektiert,
von ganzem Herzen vergibt.

Menschen machen
so lange Fehler,
bis sie aufgrund ihrer Erfahrung
die Fähigkeit erlangen,
bessere Entscheidungen zu treffen.
Übernehmt Verantwortung
für die Fehler,
die ihr auf dem Weg
begangen habt,
vergebt euch selbst
und schreitet voran.

Öffnet euch der Vergebung.
Umarmt die Vergebung sanft
wie einen verlorenen Sohn,
der zum Herzen seines
Vaters zurückkehrt.

Lernt, euch selbst
für eure Fehler zu vergeben,
und lernt, die Liebe
zu akzeptieren,
nach der sich euer Herz sehnt.

Vergebung wird euch gewährt,
wenn ihr euch bemüht,
Wiedergutmachung zu leisten
und frühere Fehler zu berichtigen.
Vergebung bleibt euch erhalten,
indem ihr euch stets recht verhaltet.

EINE ROSA-VIOLETTE ROSE

Eine Rose
in reichen Rosa- und Violetttönen:
eine Rose
der Liebe und Vergebung.

Möge euer Herz
von Liebe und Vergebung
erfüllt sein.

Denkt über euer Leben nach
und überlegt euch,
wie ihr zu einer Lösung
gelangen könnt.
Könnt ihr Gott vergeben?

Vergebt dankbar
und großzügig.

Manche Missetaten und
Verbrechen wiegen so tief
und so schwer, dass sie nur
schwer zu vergeben sind.
Das Geheimnis liegt darin,
der Seele und dem inneren Wesen
desjenigen zu vergeben,
der euch Unrecht getan hat.
Wenn ihr der Seele vergeben könnt,
erwartet euch eine ganz
wunderbare Freiheit.

Wenn ihr Rachegedanken
gegen jemanden hegt, weil er
euch Unrecht getan hat,
gebt sie auf.
Gott wird sich darum kümmern.
Solange ihr Groll hegt, seid ihr
an den anderen gebunden.
Damit die Wunde
heilen kann,
vergebt das Unrecht.
Befreit euch selbst durch
Liebe und Mitgefühl.

Gerechtigkeit obliegt
dem Schöpfer,
sie ist des Schöpfers Sache.
Daher widerfährt jeder
Missetat Gerechtigkeit.
Aber Vergebung obliegt euch.
Eure Sache ist es,
zu vergeben und
immer wieder zu vergeben.

Möget ihr gesegnet sein
mit dem Duft
der Veilchen der Vergebung.

Reicht ihr anderen
den Kelch der Vergebung,
werdet ihr eine unglaubliche
Erleichterung verspüren und spüren,
wie die Bürden, die ihr so
lange mit euch herumgetragen
habt, von euch abfallen.
Reicht den Kelch
der Vergebung
und entdeckt eine
erstaunliche Verwandlung.

Verspürt ihr Wut oder Groll,
wenn ihr eines früheren
Unrechts gedenkt,
ist dies ein Zeichen,
dass ihr noch vergeben müsst.

Wenn ihr euren Groll loslasst
und dem Leben wirklich vergebt,
strömt die Energie,
die ihr aussendet, wie eine
Flutwelle der Vergebung
in euer eigenes Leben zurück.

Gewährt und empfangt
mit Leib und Seele Vergebung.
Seht, wie viele Probleme
durch Erbarmen und Vergebung
gelöst werden können.

Der Duft des Flieders
und der Veilchen
kündet vom ewigen Frühling.
Der Frühling verkündet
dem Herzen
Vergebung und Erneuerung.

Elisabeth Kübler-Ross

Lebe jetzt und über den Tod hinaus

160 Seiten, gebunden
ISBN 978-3-89845-378-3
€ (D) 14,95

Elisabeth Kübler-Ross, die Begründerin der modernen Sterbeforschung, offenbart uns in diesem wichtigen Buch die Antwort auf die wohl wichtigste Frage über das Leben und den Tod: Wie können wir unser jetziges Leben gestalten, um es mit dem Sterben zu versöhnen.

www.silberschnur.de
SILBERSCHNUR

Verlag
»Die Silberschnur«
Postfach 41
D-56590 Horhausen

Mögen Ströme und Gewässer
voll des Weines
der Vergebung sein.

Barmherzigkeit ist eine
Eigenschaft
des Edlen in euch,
das liebt, verherrlicht und vergibt.

Wir brauchen Vergebung
in Beziehungen.
Wir alle haben viel
zu vergeben
und viel, das uns vergeben
werden muss.

Sprecht Worte
der Vergebung
zu jedem einzelnen
einsamen Herzen.

Macht euer Herz
zu einem Ort der Barmherzigkeit,
an dem Vergebung wohnt.

Vergebt,
denn Vergebung befreit uns.
Hass bindet nur.
Nicht zu vergeben, versklavt uns.
Wenn wir nicht vergeben,
werden wir am Ende
zu Gefangenen
unseres Nichtvergebens.

Es wird euch
große Freude bereiten,
einfach Vergebung zu schenken.

IM KRÄUTERGARTEN

Durch Vergebung heilen wir.
Vergebung löst den Hass auf
und das Verlangen nach Rache.

Vergebung ist das Geschenk
der wallenden Freiheit,
der Freude, des Glücks
und einer transzendenten,
heiteren Widerstandskraft,
die dem Fehler direkt in den
Schlund schaut und erklärt:
“Du hast keine Macht über mich!”

Vergebung
ist der Beginn
der Heilung.

Die Gegenmittel für
viele Krankheiten
finden sich zunächst im Geist:
Humor, Freude, Liebe,
Mitgefühl und Vergebung.

Wisst ihr nicht, dass ihr,
wenn ihr einem anderen vergebt
und ihn dadurch von
seinen Fesseln befreit,
in Wirklichkeit euch selbst befreit?

Um einem anderen vergeben
und seine Vergebung erbitten
zu können,
ist es nötig, das Verlangen
aufzugeben,
Recht haben zu wollen.

Akzeptiert
das Verlangen nach Vergebung.
Bittet darum.

Wie zart Vergebung doch ist ...

Das großmütige Herz
hält nicht das sanfte,
tröstende Wort
der Erbauung und
Vergebung zurück.

Vergebung entströmt
dem Quell eines
großmütigen Herzens.
Öffnet euer Herz
und verschenkt wieder und wieder
liebevoll Vergebung.

Durch Liebe wird
Heilung geboren –
und Liebe beginnt
mit Vergebung.

Wenn ihr euch wünscht,
das Unrecht hinter
euch zu lassen,
das ihr begangen habt,
seid bereit, das Unrecht
zu vergeben, das andere
euch angetan haben.

Wenn ihr einem Menschen
oder einer Situation
nicht vergeben habt,
werdet ihr das Unrecht immer
wieder neu erschaffen.
Damit ein Unrecht vollständig
geheilt werden kann,
müsst ihr es
vollständig vergeben.

Bittet darum,
dass Trost jene umfangen möge,
denen ihr Unrecht getan habt.
Bittet darum,
dass alle Missverständnisse
geklärt werden
und aller Schaden geheilt wird.
Bittet darum, dass sich
die Herzen erweichen mögen,
damit alle vergeben und
voranschreiten können.

Zu vergeben heißt,
sich zu entscheiden,
jeden Groll aufzugeben
und sich von der Erinnerung
an jegliches Unrecht zu lösen.

Die Wirkung des Vergebens
geht weit über das Vergeben
einer Schuld oder
eines Unrechts hinaus.
Vergebung ist eine
unterstützende Liebe,
die dem Einklang mit dem
Herzen entspringt
und dazu führt, dass der,
dem vergeben wurde,
eine vollkommenere
Liebe empfängt.

Wir empfangen Vergebung
in dem Maß, in dem wir
anderen vergeben.
Das ist eine
universelle Wahrheit.

Der Balsam der Vergebung
enthält das Potenzial,
selbst ein versteinertes
Herz zu erweichen.

Sprecht heilende Worte
der Vergebung
zu allen Menschen,
zu jedem Herzen.

Vergebung ist eine Eigenschaft
des Herzens, die dem,
der vergibt, mehr nützt
als dem, dem vergeben wurde.
Wenn ihr aufrichtig vergebt,
befreit ihr euch vom Bild
desjenigen, dem ihr
die Macht gegeben habt,
euch zu verletzen,
euch zu schaden oder
euch in irgendeiner
Weise zu kränken.

Betrachtet das Unrecht,
das euch angetan wurde,
als Möglichkeit,
etwas über euch selbst zu lernen
und so zum Meister eures
Lebens zu werden.

Manchmal hegen die
Menschen Groll wegen eines
vermeintlichen Unrechts,
obwohl sie in Wirklichkeit
die Motive oder
Handlungen eines anderen
missverstanden haben.
Ergreift jede Gelegenheit,
jedem und allem zu vergeben.

Vergebt jedem Teil des Lebens.
Liebt jeden Teil des Lebens.
Das führt zu einer
wahren Heilung der Seele,
selbst auf der Ebene
des Unbewussten.

Auf einer Schaukel für zwei

Lasst euer Herz
vom sanft fallenden Regen
der Vergebung erfrischen.

Manche Menschen vergessen
niemals ein Unrecht,
das ihnen angetan wurde,
obwohl sie sehr wohl
das Unrecht vergessen,
das sie anderen angetan haben.

Ohne Liebe gibt es
keine Vergebung.
Ohne Vergebung gibt es
kein Vergessen.

Vergebung heilt.
Gewährt Vergebung
mit großer Freude im Herzen.

Mögen sich Barmherzigkeit
und Vergebung
für alles Leben verstärken,
damit die Schönheit der Welt,
so wie sie der Schöpfer
erschaffen hat, im Bewusstsein
aller vollständig
erblühen kann.

Jede Seele auf Erden
braucht die Unterstützung
und das Polieren,
die Vergebung mit sich bringt.

Wir alle brauchen Vergebung,
weil wir alle in irgendwelche
Turbulenzen geraten,
während wir auf dem Weg
des Lebens wandeln.

Die zarte, verzeihende Liebe,
welche die Mitglieder einer
Familie zusammenhält,
ist dieselbe verzeihende Liebe,
durch die sich die Wunden
der Nationen schließen.

Lasst die Vergebung sich
auf Schwingen heilender Freude
über die Erde ausbreiten.

Vergebung ist das Immergrün,
das die Erde bedeckt,
das die Kinder schmückt
und Blumen bindet in die Haare
einer jungen Mutter
und ihres kleinen Kindes.

Vergebt und bittet darum,
dass man euch vergibt –
selbst wenn ihr glaubt,
im Recht zu sein.
Tut es, um dem anderen
zu vergeben.
Tut es, damit er
Gelegenheit hat,
euch zu vergeben.
Lebt nach dem Kodex
der Vergebung.

Vergebung gewährt uns
eine neue Möglichkeit,
die Energien des Lebens
korrekt zu gebrauchen.

Lasst jeden unfreundlichen
Gedanken und jedes
Nichtvergeben aus dem
Käfig eures Wesens fliegen.
Setzt die Energie frei,
die euch gebunden hat.

Beginnt und beendet
jeden Tag,
indem ihr euch selbst
und anderen vergebt.

Seid ihr bereit, euch selbst
eure Fehler zu vergeben?
Beginnt den heutigen Tag
und jeden weiteren Tag
eures Lebens, indem ihr
euch selbst und anderen
Menschen vergebt.
Fürchtet euch nicht zu vergeben.
Vergeben ist göttlich.

Lebt jeden Tag,
als wäre er euer letzter.
Vergebt, seid freundlich und
spendet allen Worte des Trostes.

Die Engel
sind bei euch ...

Ein Ritual der Vergebung

Schließen Sie die Augen und lassen Sie die Ereignisse des Tages vor Ihrem inneren Auge wie einen Film vorbeiziehen. Rufen Sie sich jene Menschen in Erinnerung, die Ihre Liebe und Vergebung benötigen. Vergeben Sie jeder Situation und jedem Menschen – entweder still im Herzen oder in Form eines gesprochenen Gebetes – und bitten Sie Ihrerseits um Vergebung.
Stellen Sie sich ein violettes Feuer vor, das in den Szenen, die Sie vor Ihrem geistigen Auge sehen, hell auflodert. Beobachten Sie, wie die Flammen jede negative Auswirkung der Ereignisse des Tages neutralisieren. Bitten Sie um eine Lösung für Ihre Probleme und um inneren Frieden, und senden

Sie allen Beteiligten heilende Gedanken - auch sich selbst.

Konzentrieren Sie Ihre Aufmerksamkeit im Herzen. Senden Sie allen, denen Sie Unrecht getan oder die Ihnen Unrecht getan haben, Liebe und Vergebung. Überantworten Sie jede Szene, jede Erinnerung und jede Situation Ihrem Höheren Selbst und dem Höheren Selbst der anderen Person.

Indem Sie jedes Gefühl von Ungerechtigkeit, Wut oder Schuld am Ende eines jeden Tages loslassen, machen Sie sich auf den Weg zu besserer Gesundheit, innerem Frieden und wahrem Glück.

Über die Autorin

Elizabeth Clare Prophet war eine Pionierin auf dem Gebiet der Erforschung von Techniken zur praktischen Spiritualität, wie etwa der kreativen Kraft des Klanges für das persönliche Wachstum und zur Verwandlung der Welt. Eine große Auswahl ihrer Bücher ist in etwa 30 Sprachen übersetzt worden und wird weltweit vertrieben.

Elizabeth C. Prophet hatte sich 1999 zur Ruhe gesetzt und lebte von 1999 bis zu ihrem Tod 2009 in den Rocky Mountains von Montana. Die bisher unveröffentlichten Werke von Mark L. Prophet und Elizabeth Clare Prophet werden nach wie vor von Summit University Press herausgegeben.

Weitere Bücher aus der Reihe "Gärten des Herzens"

Dankbarkeit gleicht dem Tor
zu einem herrlichen Garten.
Sie bereitet uns den Weg,
um das Wirken
des Ewigen in all seiner
Schönheit fühlen zu können.

Elizabeth Clare Prophet

Dankbarkeit

136 Seiten, broschiert
ISBN 978-3-89845-382-0
€ [D] 6,95

Wird ein Herz vom Mitgefühl
gestreift, fühlt sich die Wange
gestreichelt, die Stirn geglättet,
und die Seele erkennt,
dass sie geliebt wird, dass sie
verstanden wird,
dass sie nicht allein ist.

Elizabeth Clare Prophet

Mitgefühl

144 Seiten, broschiert
ISBN 978-3-89845-381-3
€ [D] 6,95

192 Seiten, Klappenbr.
ISBN 978-3-89845-339-4
€ [D] 16,90

Elizabeth Clare Prophet

Die Lehren des Meisteralchemisten Saint Germain

Es gibt eine Bruderschaft des Lichtes, Wesen, die vom Himmelreich aus, der Menschheit in allen Bereichen menschlichen Strebens helfen. Sie tragen so dazu bei, das Bewusstseinsniveau auf der Erde anzuheben.
Saint Germain gehört diesem Bund an und ist der Meister der Freiheit, der uns lehrt, wie wir unsere Seelen befreien und uns aus der Kette der menschlichen Existenzen lösen können. Er weiht Seelen in die Wissenschaft und die Rituale der Alchemie ein, und er lehrt die Kunst der Transformation durch die violette Flamme. Lange schon wirkt Saint Germain, um die Menschen zu befreien ... und hier reicht er auch Ihnen seine Hand.

128 Seiten, broschiert
ISBN 978-3-89845-171-0
€ [D] 6,95

Elizabeth Clare Prophet

Mantras des Westens

Mit der Kraft des Wortklanges

Auf ihre einfache und eindrucksvolle Art führt die amerikanische Bestsellerautorin die Macht des Wortes in all seinen Nuancen vor, wobei ihre Fallbeispiele jeden noch so skeptischen Leser von der Wirksamkeit des gesprochenen Wortes überzeugen müssen ...

Elizabeth Clare Prophet

Mit Engeln arbeiten

Dieses Buch bringt einem bei, wie man mit Engeln Freundschaft schließt, sodass diese bereit sind, uns ihre Hilfe zukommen zu lassen. Denn wir haben sie um ihre Hilfe zu bitten. Erst dann dürfen sie uns helfend zur Seite stehen. Hier werden die praktischen Schritte in einem Zehn-Punkte-Programm aufgezeigt, wie man sich mit Engeln in Verbindung setzt, sich weiterhin ihrer Hilfe vergewissert und in Zusammenarbeit mit ihnen viel Gutes für sich und andere bewirkt. Dieses Büchlein ist nicht nur ein Ratgeber, sondern vor allem eine praktische Anleitung, seinem Leben mit Hilfe der Engel eine höhere Qualität zu geben.

128 Seiten, broschiert
ISBN 978-3-89845-049-2
€ [D] 6,95

Elizabeth Clare Prophet & Mark L. Prophet

Die Kraft des göttlichen Willens

Der erste Strahl der göttlichen Macht

Sieben göttliche Strahlen helfen uns dabei, uns mit dem Höheren Selbst zu vereinigen und unseren Aufstieg zu bewerkstelligen.

Der erste Strahl liefert die Energie, die einen Menschen dazu motiviert, sich ein Ziel zu setzen, und er hilft, dieses Ziel zu erreichen. Er steht am Anfang eines jeden spirituellen Weges, und erst die Verwirklichung auf diesem Strahl öffnet uns den Weg zu den folgenden sechs Strahlen. Diese meisterhafte Einführung in die göttlichen Strahlen hilft Ihnen, Ihren spirituellen Weg zu verwirklichen und den Aufstieg erfolgreich zu meistern.

160 Seiten, broschiert
ISBN 978-3-89845-356-1
€ [D] 6,95

248 Seiten, gebunden
ISBN 978-3-89845-318-9
€ [D] 19,90

Gerald Jampolsky & Diane Cirincione

Was uns das Leben lehrt

Inspirierende Lebensgeschichten, die unser Innerstes berühren

Nur wenige beherrschen die Kunst, spirituelle Weisheiten so zu vermitteln wie die Bestsellerautoren Gerald Jampolsky und Diane Cirincione. In diesem Buch benutzen sie die hawaiianische Tradition des »Geschichtenerzählens«. Egal, um welches Thema es geht – Angst, familiäre Wurzeln, das Heilen des Körpers oder unsere Ansichten zu Leben und Tod –, durch alle Geschichten zieht sich ein einfühlsames Mantra spiritueller Schlüsselkonzepte.
In diesen berührenden Geschichten teilen die Autoren ihre spirituellen Erfahrungen mit uns und regen dazu an, dem eigenen Weg zu folgen.

384 Seiten, broschiert,
durchg. farbig
ISBN 978-3-89845-300-4
€ [D] 16,90

Wayne W. Dyer

365 Quellen der Inspiration

Lebe deine Inspiration!
Wayne W. Dyer, der weltweit bekannte Lebensberater hilft Ihnen, Ihre Inspiration bewusst zu aktivieren, damit sie zu einer kraftvollen Energie in Ihrem Leben werden kann. Die Botschaft dieses Buches ist klar: Inspiration ist für alle da. Sie ist nicht reserviert für Einzelne, sondern Ihr Geburtsrecht, man muss sie erfahren und erfühlen.
Jede Seite dieses wahrhaft inspirierenden Buches bringt Sie einen Schritt näher an ein Leben, in dem Tag für Tag mehr Wunder wahr werden …